# LES NOUVELLES

# FOUILLES D'ABYDOS

PAR

E. AMÉLINEAU

---

**ANGERS**
IMPRIMERIE DE A. BURDIN
4, RUE GARNIER, 4

1896

# LES NOUVELLES

# FOUILLES D'ABYDOS

PAR

E. AMÉLINEAU

ANGERS
IMPRIMERIE DE A. BURDIN
4, RUE GARNIER, 4

1896

# AVANT-PROPOS

Le vendredi 29 mai de cette année, j'ai eu l'honneur de rendre compte devant l'Académie des *Inscriptions et Belles-Lettres* des fouilles que j'ai faites l'hiver dernier dans la nécropole d'Abydos. J'ai cru qu'ayant été envoyé par une société française, ayant reçu une mission gratuite de M. le Ministre de l'Instruction publique, ayant obtenu quelques résultats, je devais au Ministre de l'Instruction publique, aux hommes généreux qui m'avaient envoyé, à moi-même, de faire le compte-rendu de mes travaux devant la première assemblée scientifique de mon pays sous la juridiction de laquelle tombaient mes travaux, et cela non point par un motif de vaniteux orgueil, mais par pure déférence pour le grand corps savant auquel je m'adressais. D'ailleurs on m'avait demandé de le faire et j'ai acquiescé à la demande qui m'avait été faite. Non point que je ne prévisse pas qu'il pût y avoir quelques objections : une découverte aussi nouvelle et aussi importante que celle que je croyais et que je crois encore avoir faite, n'emporte pas du premier coup l'acquiescement de tout le monde, car son importance est contestée au nom même de sa nouveauté, et je ne comptais point qu'on l'admît d'emblée : ce que je voulais, c'était saisir d'abord l'Académie des *Inscriptions et Belles-Lettres*, lui rendre hommage et attirer la discussion.

Cette discussion est venue d'elle-même, mais sur un

tout autre terrain et un tout autre ton que ceux que je prévoyais. Après la séance à laquelle assistaient ceux qui avaient payé les frais occasionnés par les fouilles, M. le marquis de Biron m'écrivit la lettre suivante :

*Paris, ce 30 mai 1896.*

Cher Monsieur Amélineau,

M. Sigismond Bardac, le comte Henry de la Bassetière et moi avons voulu assister, comme vous le savez, à la séance publique de l'Académie des *Inscriptions et Belles-Lettres* du 29 mai, et c'est avec un vif intérêt que nous avons entendu la lecture de votre rapport et la réponse de M. Maspero.

L'éminent égyptologue a soulevé des objections qui nous paraissent nécessiter une réponse de votre part. C'est cette réponse que mes amis et moi, d'un commun accord, venons vous demander ici dans l'intérêt de l'entreprise scientifique et française qui nous tient tant au cœur.

Croyez-moi, cher Monsieur Amélineau, cordialement à vous.

Le marquis DE BIRON.

Après la lecture de cette lettre, il ne me restait plus qu'un parti à prendre, donner quelques-unes des raisons scientifiques qui me paraissent militer en faveur de la haute antiquité des monuments qui ont été trouvés et de la thèse que je soutiens. Je n'ai nulle envie d'être désagréable à qui que ce soit en agissant ainsi, surtout d'être désagréable à M. Maspero que je regarde comme le protagoniste de notre science et qui, je me le rappelle encore et me le rappellerai, j'espère bien, toujours, m'a initié par ses excellentes leçons à cette science égyptologique à laquelle j'ai consacré ma vie. Je ne cherche point ainsi à soulever des polémiques, « à faire sensation », comme a dit mon éminent contradicteur : j'aurais pu le faire, mais il m'aurait fallu sortir de mon caractère et de la profonde obscurité dans laquelle je vis : j'ai indiqué simplement une hypothèse admissible.

On s'est peut-être demandé pourquoi je n'ai pas répondu séance tenante aux paroles de M. Maspero. J'ai eu plusieurs raisons. D'abord, l'heure étant avancée, M. le Président de l'Académie des *Inscriptions et Belles-Lettres* m'invitait à répondre brièvement, lorsque ma réponse aurait exigé d'assez longs détails pour être comprise. En second lieu, j'avais peur que la discussion ne prît, ou même ne gardât un ton qui n'avait rien de scientifique. De plus, si je connaissais les monuments dont je parlais, alors que M. Maspero n'en avait entrevu que les photographies, mon éminent contradicteur a une très grande habitude de la parole, que je n'ai pas ; en écrivant je recouvre une partie des moyens que je n'aurais pas en parlant et la grande distance qui existe entre lui et moi diminue d'autant.

Je publie d'abord le compte rendu des fouilles que j'ai lu devant l'Académie des *Inscriptions et Belles-Lettres*, je le fais suivre des observations présentées par M. Maspero, puis je présente moi-même les quelques raisons scientifiques qui m'ont semblé bonnes à faire connaître ici. J'ai communiqué à M. Maspero le résumé des observations qu'il a faites afin qu'il jugeât si ce résumé était bien conforme aux paroles qu'il a prononcées, et qui n'ont pas encore été publiées : après l'avoir lu, il m'a dit que c'était bien, à quelques petites nuances près, le sens des paroles qu'il avait prononcées. Je suis donc certain de ne pas combattre des moulins, et aussi d'avoir agi honnêtement. Le lecteur aura ainsi une partie des pièces du procès scientifique engagé et il jugera comme il croira devoir juger.

*Paris, 6 juin 1886.*

# COMPTE RENDU
# DES FOUILLES D'ABYDOS

Lu devant l'Académie des Inscriptions et Belles-Lettres,
dans sa séance du 29 mai 1896.

---

Les fouilles que j'ai eu l'honneur et l'avantage de diriger à Abydos pendant l'hiver 1895-1896 ont produit des résultats tellement inattendus que j'ai cru devoir, en ma qualité de Français, communiquer ces résultats à la plus haute assemblée de mon pays à la juridiction scientifique de laquelle ils ressortent. C'est en Égypte qu'est née la pensée qui s'est traduite en acte pendant cet hiver : ayant fait plusieurs fois le voyage d'Égypte, M. le marquis de Biron séduit par les grandes découvertes faites en ces dernières années, obsédé par la pensée qu'on pourrait peut-être sur le sol de l'Égypte rencontrer les sépultures de ces deux premières dynasties dont l'éloignement est si reculé qu'elles en peuvent paraître presque mythiques, M. le marquis de Biron sut trouver deux de ses amis avec lesquels il s'associa, M. le comte Henri de la Bassetière et M. Sigismond Bardac, il leur fit partager son enthousiasme et c'est grâce à leur association que j'ai été envoyé l'année dernière en Égypte et que j'ai pu faire les fouilles dont je viens aujourd'hui exposer les résultats à l'Académie.

Ce n'est pas sans une vive appréhension que j'ai accepté d'aller fouiller la nécropole d'Abydos : l'ombre du grand Mariette semblait la garder contre toute tentative téméraire et je savais, pour avoir lu ses ouvrages, qu'il l'avait fouillée pendant dix-huit ans. Dès lors je me demandais ce que je pouvais découvrir en de pareilles circonstances, car je n'étais jamais allé à Abydos. Fort heureusement l'inspection des lieux me démontra bien vite que les fouilles de Mariette ne s'étaient pas étendues au delà de la dixième partie de la nécropole environ et qu'un vaste champ m'était encore ouvert. S'il me restait ainsi un terrain immense à fouiller, j'étais tout novice dans l'art de faire des fouilles; M. de Morgan, le si distingué directeur général du Service des antiquités en Égypte, mit à ma disposition sa grande expérience, il me conduisit à Dahschour pour me montrer ses travaux, me faire voir la manière dont il réglait une campagne de fouilles et m'initier à mille détails pratiques dont la connaissance m'eût été sans doute apprise par l'expérience, mais qu'il devait m'être très utile d'apprendre autrement que par l'expérience personnelle. Je dois le remercier ici publiquement de sa bienveillance. Ayant mis ainsi le plus de chances possible dans mon jeu, il ne me restait plus qu'à jouer de mon mieux la partie que j'allais engager en face de rivaux célèbres qui fouillaient déjà depuis de longues années et dont les succès ont été retentissants, non pas que j'eusse l'orgueilleuse prétention de vouloir représenter la science française, je suis un trop mince personnage pour cela, mais il est toujours plus agréable de réussir que de ne pas réussir et le cœur humain est ainsi fait qu'il ne peut s'empêcher d'être content d'arriver dans un bon rang dans la course scientifique où il a engagé son honneur.

Je me mis donc à l'œuvre avec ardeur et cette ardeur, je l'ai conservée pendant les cinq mois qu'a duré la campagne, malgré bien des déboires et bien des déceptions. Je n'entretiendrai pas l'Académie des fouilles que je fis pendant les douze ou quinze premiers jours : ils ont été consacrés à me faire la main et à parcourir la nécropole afin d'étudier le terrain, d'observer les signes auxquels on reconnaît que des tombeaux ont été construits et de m'engager à coup sûr lorsque le moment serait arrivé de m'engager à fond. D'ailleurs M. de Morgan qui vint me voir à Abydos me prodigua ses conseils sur les lieux ; mais la chance n'avait pas attendu son arrivée pour me favoriser, car quelques jours auparavant j'avais fait ouvrir une tranchée de 100 mètres de long qui me fit découvrir un tombeau de même longueur, chose qui ne s'était encore jamais vue en Abydos. Pendant que les ouvriers étaient occupés à déblayer le tombeau d'un grand prêtre d'Anhour, dieu du nome thinite, nommé Mesmin, lequel avait vécu sous le règne de Ramsès II et qui s'était fait construire un tombeau de cinq chambres souterraines auxquelles on accédait par un puits profond de 10 mètres, pendant qu'ils trouvaient toute une série de bas-reliefs sculptés avec beaucoup d'art et qui décoraient les murs de la chambre où se faisaient les réunions de famille pour le culte des ancêtres, j'avais observé, à environ 16 mètres de distance, le commencement d'une dépression sablonneuse, parallèle à une butte de décombres qui évidemment n'était pas naturelle. Je voulus savoir à quoi m'en tenir et j'ordonnai des sondages ; les sondages à 3 mètres n'avaient pas trouvé la montagne et le sable comblait à chaque instant le travail des ouvriers. La tranchée que j'ordonnai conduisit à l'extrémité occidentale de la dépression ; là, les ouvriers trouvèrent un mur construit en briques de grandes dimensions, j'ordonnai de suivre ce mur jusqu'à la rencontre d'un autre mur qui devait nécessairement exister et c'est ainsi que fut découvert le tombeau que s'était fait construire Aououapta, fils aîné du roi Scheschonq Meriamen, le premier pharaon de la XXII⁰ dynastie. Ce tombeau consistait en un long couloir taillé dans la molasse qui constitue le sous-sol de la nécropole d'Abydos ; il avait été taillé à deux étages afin d'éviter les éboulements et l'étage inférieur seul avait été revêtu de murs en briques longs d'environ 95 mètres. L'extrémité orientale avait été taillée en forme de quart de cercle et non revêtue de briques ; au nord, près de cette extrémité, au-dessus de l'endroit où les murs se rapprochant formaient comme une porte, on avait construit sur le premier étage une sorte de cabane avec toit ogival, sans doute pour le *ghafir* (gardien) qui devait veiller sur le tombeau. Au bout de 95 mètres, le couloir débouchait dans une salle entièrement revêtue jadis d'un revêtement de granit rose, mais dont il n'existe plus actuellement d'intact que le mur nord; le mur est a perdu quelques-unes de ses pierres, le mur sud n'en comptait plus qu'un petit nombre et du mur ouest on ne voit plus que l'amorce des pierres du côté où ce mur rejoignait la paroi septentrionale. Le revêtement était entièrement couvert de textes assez mal gravés sur la pierre de granit, n'ayant qu'un très minime relief en creux, mais rehaussés d'une couche de couleur bleue qui a tourné au vert. Les pierres avaient été assez mal taillées, il y avait eu des éclats et pour remédier à ces éclats on avait recollé le morceau éclaté avec une sorte de ciment traditionnel, et même, quand les morceaux n'avaient pas été retrouvés, on avait simplement mis du ciment sur lequel on a peint les hiéroglyphes ou les personnages du texte. Les textes sont en effet illustrés, et rien qu'à voir les cynocéphales, les serpents qui lancent des jets de flamme, les déesses et les barques où est monté le dieu Râ ou le Soleil, on sait, à ne pouvoir s'y méprendre, que l'on se trouve en présence du livre connu sous le nom du Livre de l'Hémisphère inférieur. Les représentations et les textes sont rangés en plusieurs registres superposés les uns aux autres, mais séparés par une bande horizontale contenant les titres du défunt et les fonctions qu'il avait exercées. Cette salle était pavée en grosses pierres de calcaire poli. La montagne avait été creusée vers le sud sans doute dans l'intention de faire une seconde salle, car le mur d'enceinte était construit, mais l'excavation n'avait été faite que jusqu'au premier étage, elle était irrégulière et tout annonçait que les travaux n'avaient pas été achevés. Ce fait ajouté à cet autre qu'il n'y avait pas trace de sarcophage ou de puits funéraire, que l'on n'a pas rencontré le moindre objet ou le plus petit fragment des objets faisant partie du mobilier funéraire, montre, je crois, que le tombeau, pour une raison inconnue, n'a pas servi, car dans tous les autres tombeaux j'ai rencontré des vestiges de spoliation ou des objets ayant meublé la tombe. Pour en avoir le cœur net, j'ai fait enlever l'une des pierres du pavé, croyant que peut-être ce pavé masquait l'entrée du caveau funéraire; mais les pierres ne recouvraient que du sable. De même j'ai fait sonder le long couloir et nulle part il n'a été découvert quoi que ce soit qui pût faire supposer l'existence d'un puits funéraire. Le déblaiement de ce tombeau m'avait pris beaucoup de temps et beaucoup d'hommes, et finalement je n'y avais rencontré que les trois murs de la chambre du fond avec des textes connus par ailleurs.

J'ai fait fouiller d'autres tombeaux où l'on a découvert des objets funéraires, avec des inscriptions dont une seule mérite une mention spéciale, car elle résout ou tout au moins sert à résoudre un point très obscur de l'histoire égyptienne, ayant rapport aux rois éthiopiens de la XXIV° dynastie. Elle provient d'un tombeau de la fille royale de Kaschto, nommée Peksatero, dont la mère était la reine Pebama; elle était épouse royale de Piankhi, le célèbre conquérant de l'Égypte. Elle est morte sans doute pendant l'expédition de son mari et a été enterrée à Abydos. Par conséquent Kaschto au lieu d'être le successeur doit avoir été le prédécesseur de Piankhi et le nom de sa femme n'est certainement pas un nom égyptien, malgré la grande autorité d'E. de Rougé. La seconde proposition se comprend d'elle-même, et la première est rendue évidente par le fait que Kaschto est mort lorsque sa fille meurt aussi et que Piankhi est encore vivant.

Le tombeau d'Aoouapta n'était pas encore parfaitement déblayé que je reportais mes ouvriers à l'ouest vers une série de buttes situées dans le grand axe du tombeau qui venait d'être mis au jour et qui se distinguaient par cette particularité, à savoir qu'elles étaient recouvertes de pots entiers ou cassés, de couleur rouge, de terre grossière, ayant exactement la forme de ceux qu'on trouvait à Dahschour, à Saqqarah et que j'ai moi-même ramassés sur les lieux. Les indigènes désignent cette série de buttes sous le nom générique d'*Om-el-Ga'ab*, c'est-à-dire de *mère aux pots*. Ces buttes sont, ou plutôt, étaient au nombre de six, plus ou moins hautes, séparées entre elles par des plateaux recouverts ou non de ces mêmes pots; elles s'étendent sur une longueur d'environ 800 mètres et elles étaient parsemées de fragments de granit noir ou rose, d'albâtre, de pierres volcaniques, etc., tout ce qui indique d'ordinaire des sépultures importantes. Au lieu de me traîner péniblement à la remorque de Mariette, je désirais vivement trouver quelque chose de nouveau et je n'avais pas hésité à attaquer un terrain encore vierge de fouilles européennes.

La première butte répondit d'abord à mes espérances d'une manière qui les dépassait. Après quelques sondages préliminaires, je trouvai renfermés dans un vase de terre grossière toute une série d'objets curieux que je n'avais jamais vus nulle part ; j'explorai alors toute la butte et pour cela, je la remuai de fond en comble et la déplaçai. Je n'y trouvai pas le moindre tombeau, pas le plus petit ossement, mais beaucoup de petits objets, environ trois cents, de jolies statuettes en albâtre et en calcaire, trois statuettes en bois, la figure ou tout le corps dorés, dont l'une tomba en poussière dès qu'elle sentit le contact de l'air et dont une autre était encore renfermée dans un cercueil en bois de forme anthropoïde, puis quelques gros monuments, notamment une réduction de sarcophage au nom d'un officier de la XVIII° dynastie, une table d'offrandes grossière et une autre table d'offrandes en granit rose, portant quatre cartouches qui appelèrent aussitôt mon attention. Deux d'entre eux contenaient les nom et prénom d'Ousortesen I°, le second roi de la XII° dynastie, les deux autres ceux du dernier roi de la XI° dynastie dont jusqu'ici on ne connaissait que le prénom et dont le nom était Mentouhôtep, le VI° de ce nom. L'inscription est curieuse en son entier : il y est dit que « le roi de la Haute et de la Basse Égypte Rakhoperka, aimé de celui qui habite chez les Occidentaux, qui donne la vie, a fait ce monument pour son père Rasonekhka, afin qu'il lui fasse la vie éternellement ; » et : « Le fils du Soleil Ousortesen, aimé de celui qui habite chez les Occidentaux, qui donne la vie, a fait ce monument à son père Mentouhôtep afin qu'il lui fasse la vie éternellement. » Or, si la XII° dynastie s'est substituée violemment à la XI° comme on le croit d'ordinaire, il serait assez curieux que le second roi de cette dynastie appelât son père le dernier représentant de la dynastie vaincue. Ne faudrait-il pas supposer plutôt que le pharaon Ousortesen Ier descendait par sa mère du dernier roi de la XIe dynastie ? En ce cas on comprend facilement qu'il ait appelé Mentouhôtep VI son père. Parmi les petits objets trouvés dans cette première butte, les plus curieux sont une série de petits vases comme ceux qui forment les mobiliers de pompée à l'usage des petits enfants, en albâtre, en calcaire, en terre grossière ou en pierre dure que je ne connais pas encore, des vases en bronze tout petits ayant exactement la forme de certains de nos ustensiles les plus familiers, comme ceux de nos boîtes à lait, des gargoulettes, des instruments de labour, de petites briches avec deux coulles aux extrémités, le tout en bronze et de proportions minuscules, un tout petit chevet en bois, des scarabées d'une grande finesse et une briche en or, avec deux houes et deux coulles en or. Comment ces objets étaient ils renfermés dans cette butte lorsque toute la partie de la nécropole connue sous le nom d'Om-el-Ga'ab avait été le théâtre des ravages les plus déplorables, comme je n'allais pas tarder à l'apprendre à mes dépens? Je serais assez porté à croire que les spoliateurs regardèrent cet endroit comme indigne d'eux et le négligèrent, ce qui a été très heureux pour moi. Je dois dire déjà que cette série de buttes servait évidemment de lieu de pèlerinage dès les temps les plus anciens aux habitants de la ville sainte d'Osiris, car j'y ai rencontré des monuments de toutes les époques et les Coptes encore de nos jours s'y rendent le vendredi saint pour y chercher de petits vases qu'ils donnent ensuite comme jouets à leurs enfants.

Ayant exploré cette première butte, je passai à un plateau long d'environ 200 mètres qui séparait la première de la seconde butte et je fis faire des sondages. Les sondages révélèrent l'existence de tombes, et dans la première que je fouillai étaient cinq statuettes en calcaire très belles et intactes, sauf une. Malheureusement ce fut tout ce que je découvris d'objets artistiques dans les tombes de ce plateau au nombre d'environ cinquante. Ils ne m'offrirent tous que des fragments de vases brisés et des vases de poterie grossière auxquels je n'attachai pas d'abord une grande importance. Ces tombes étaient construites toutes de la même manière et consistaient dans une chambre unique creusée dans la molasse et revêtue de briques crues et grossières. Ceux qui les avaient construites étaient encore fort novices dans l'art de construire ; ils ne savaient ni mettre un mur d'aplomb ni le mettre d'équerre avec un autre déjà construit. Les murs étaient tout à fait irréguliers, rentraient ou ressortaient, un peu au petit bonheur. Quelquefois cette unique chambre était bordée, sur un, deux ou trois côtés, d'une série de petites loges aussi irrégulièrement construites que la chambre principale, si étroites que je me demandais à quoi elles avaient pu servir, car on aurait à peine pu y loger deux vases comme ceux que je trouvais déjà. La réponse à la question que je me posais me fut fournie par ce fait qu'un jour on découvrit un cadavre échappé à la dévastation : il n'était point momifié, était couché nu sur le côté, les genoux ramenés à la hauteur de la poitrine, les deux bras par devant le visage, dans la posture de l'enfant dans le sein de sa mère et je compris alors qu'il n'était pas besoin d'un grand espace pour le contenir. Malgré tout, certaines loges étaient encore trop étroites pour contenir un cadavre dans cette position et l'usage m'en est resté inconnu parce que je n'y ai rien rencontré qui me l'apprît. Je pourrais ajouter ici d'autres détails que j'ai eu le loisir d'observer, mais dont la simple mention m'entraînerait dans des considérations trop longues pour être exposées dans cette communication et que j'exposerai tout au long dans le mémoire qui paraîtra sur les fouilles. Je dois dire cependant que sur les vases de terre grossière que je trouvai dans quelques sépultures je reconnus des dessins tout à fait primitifs, dessinés par des hommes qui en étaient encore à essayer leur calame et qui faisaient leur éducation artistique. A mesure que j'approchai de la seconde butte, je commençai de trouver quelques caractères inscrits sur des fragments de vases en pierre dure brisés : ces caractères me semblèrent étranges de forme et de gravure. Je trouvai en outre d'autres fragments avec des caractères grecs et je ne savais comment les uns et les autres pouvaient se rencontrer ensemble. Ce n'est que plus tard que la lumière se fit dans mon esprit. Je sus en effet que des sépultures semblables avaient été trouvées à Qeft par le très habile explorateur anglais, M. Flinders Petrie, mais qu'il n'avait trouvé aucune trace d'écriture. Dans la dernière tombe de ce plateau, j'eus le bonheur de rencontrer une stèle dont le caractère archaïque était évident.

La seconde et la troisième butte étaient de très petites dimensions et très peu éloignées l'une de l'autre. Très peu élevées, elles ne semblaient devoir exiger qu'un très court espace de temps; mais les tombeaux qu'elles recouvraient, au lieu d'être petits, étaient très vastes et demandèrent un temps considérable. Tout y était ravagé, détruit avec la plus rare fureur, et quand les moyens ordinaires de ravage n'avaient pas paru suffisants on avait employé le feu. Les auteurs de ces crimes abominables avaient même trouvé le moyen de signer leur œuvre : sur des fragments de vases d'albâtre ils avaient dessiné au charbon des caractères coptes et l'un d'entre eux avait écrit son nom tout entier : il s'appelait Jean. Ce sont donc les chrétiens qui ont détruit les tombeaux de cette partie de la nécropole et je ne me tromperai pas beaucoup en disant que les moines d'Abydos, contemporains ou disciples postérieurs du fanatique Moyse dont l'image souille les murs du temple de Séti I<sup>er</sup>, sont les auteurs de ces horribles spoliations. Ils n'ont laissé aucun objet intact et ont agi avec lenteur, prenant toutes les précautions nécessaires pour qu'il ne leur arrivât aucun mal, bâtissant même des murs pour prévenir les éboulements qui auraient pu empêcher leur œuvre de sauvage destruction. L'un des tombeaux de la seconde butte avait été totalement incendié : comme il était entièrement pavé en bois, j'y rencontrai environ deux cents kilos de charbon de bois, car les spoliateurs ayant allumé l'incendie et ayant jeté du sable par dessus, le feu consuma lentement sa proie. Je commençai à trouver sous ces deux buttes des silex d'une beauté extraordinaire, admirablement polis et taillés et le tombeau aux deux cents kilos de charbon de bois me fournit à lui seul 324 pointes de flèches en silex, travaillées avec une habileté extraordinaire, de toutes formes et déjà barbelées. Les roseaux des flèches avaient été dévorés par l'incendie et les pointes en silex étaient restées éparpillées dans le sable. J'ai aussi rencontré dans ce même tombeau deux gros morceaux de bois de sycomore avec des mortaises ou des trous à chevilles, et dans ces trous étaient passés des fils de bronze, témoignage du moyen par lequel les diverses pièces du pavé étaient assemblées ensemble. J'avais trouvé déjà des morceaux de métal ou des fils de métal dont je me demandais l'emploi : la solution du problème m'était ainsi fournie.

La quatrième butte était énorme et, quoiqu'elle fût large de 80 mètres environ, je ne pouvais un seul moment espérer y occuper d'un seul côté les 450 ouvriers que j'employais alors. Je pensai à l'attaquer méthodiquement de trois côtés à la fois, au nord, à l'est et à l'ouest, mais pour cela il fallait déblayer le terrain afin de pouvoir rejeter toujours en arrière les déblais qui seraient retirés. Comme du côté ouest était un autre plateau d'environ 147 mètres de largeur sur 123 de longueur, je reportai mes ouvriers de ce côté. Dès les premiers travaux qui furent exécutés, je me trouvai en présence de nombreux tombeaux dont quelques-uns avaient des dimensions énormes. C'est ainsi que je trouvai un tombeau composé d'une grande salle ayant $15^m,05$ de long, $8^m,90$ de large et $6^m,24$ de hauteur; la profondeur des murs de revêtement n'avait pas moins de $4^m,33$. Ce tombeau était celui du pharaon Den. L'incendie qui y fut allumé fut tellement violent qu'il convertit sur toute l'épaisseur du mur les briques crues en briques cuites dont on pouvait faire le ciment que les indigènes appellent 'omrah. On y accédait par deux étages d'escalier contenant chacun vingt et une marches. La salle était entièrement pavée de granit rose et les dévastateurs avaient réussi d'abord à déplacer, ensuite à briser au prix de grands efforts quelques-unes des pierres énormes du pavé. Je n'y rencontrai que des objets cassés et une stèle en granit sans inscription. Sur les côtés de cette grande tombe étaient des constructions plus petites, les unes ayant servi de tombeau et encore pavées en bois, les autres de magasins et remplies de grandes jarres, de *sirs* énormes et d'autres vases en terre ou en pierre dure. De ceux-ci je ne rencontrai que des fragments, mais comme j'avais soin de faire ramasser tous les fragments, j'ai pu réussir à reconstituer des vases entiers, et de plus les fragments contenant des inscriptions se multipliaient. C'est alors qu'apparut le premier nom des souverains de cette époque. Il était enfermé dans un rectangle et surmonté d'un épervier, dans la forme ordinaire de ce qu'on appelle les bannières royales. Depuis j'en découvris quinze autres, avec tous les titres usités depuis, comme uræus de la Basse-Égypte, vautour de la Haute-Égypte, roi *souten* de la Haute-Égypte et roi *net* de la Basse-Égypte, ce qui fait que j'ai actuellement au moins seize noms de rois ayant gouverné l'Égypte entière à cette époque reculée. Quelques-uns de ces noms sont écrits d'un seul signe, d'autres de deux, d'autres de trois ; la lecture de quelques-uns de ces signes est encore inconnue. De même les stèles de simples particuliers se multipliaient : j'en ai recueilli environ une trentaine, pendant que je n'avais que trois stèles royales, plus un mortier en granit où était la bannière d'un roi nommé *Den*. Les premières stèles avaient été respectées par les dévastateurs, sans doute comme étant de vil prix : elles ne contiennent que le nom de l'individu avec son titre qui m'est inconnu, mais qui avait rapport au culte du *double* après la mort, car le signe qui désigne le *double* se rencontre presque sur toutes avec le même oiseau. Elles étaient formées par des pierres rencontrées dans la montagne, à peine polies pour recevoir la gravure et qui s'effritent malheureusement dès qu'elles voient le jour. Les trois stèles royales au contraire étaient en granit ou en beau calcaire. Les caractères gravés sur le champ de la stèle déjà cintrée sont archaïques au premier chef : évidemment sur les deux stèles en granit, l'artiste a été gêné par la matière qu'il avait à tailler ; aussi son œuvre est loin d'être aussi parfaite que la stèle en calcaire où il a fait preuve d'une véritable maîtrise. Le champ de la stèle est évidé de 2 centimètres et demi environ, de manière à faire mieux ressortir les caractères à sculpter et en effet l'épervier qui surmonte le rectangle et le serpent qui y est renfermé et qui forme le nom du roi se détachent de la pierre avec une vigueur majestueuse qui n'a rien à envier aux belles œuvres des temps plus rapprochés de nous. Ces trois stèles étaient fort hautes et elles ont été brisées en plusieurs morceaux : la dernière compte trois morceaux d'inégale longueur, mais elle est complète. Le bas du rectangle dans les trois est occupé par une maison rudimentaire sur les stèles de granit, et sur la stèle de calcaire par une maison dont le dessin est exactement le même que sur le sarcophage de Mycérinus ou sur les tombeaux de l'Ancien Empire à Saqqarah.

Ce ne sont pas seulement les stèles ou les fragments de vases qui m'ont fourni des noms de pharaons ; mais encore les grands vases trouvés dans les magasins dont j'ai parlé. Sur le flanc de ces vases se lisent des inscriptions et sur quelques-uns les inscriptions contiennent la mention du propriétaire du vase. Bien plus, presque tous étaient surmontés d'immenses bouchons en terre mélangés avec des fibres de palmier que les ouvriers avaient d'abord pris pour du poil de chameau, que j'avais cru moi-même être du poil de chèvre ou de gazelle et dont l'examen au microscope a démontré la nature. Ces bouchons étaient tous estampillés au nom du propriétaire, et ce propriétaire était toujours un pharaon. Ces grands vases contenaient les matières les plus diverses, des dattes, des céréales, des fruits de *napéca*, des matières grasses en abondance, de l'encens, etc. ; leur contenu s'est à peu près conservé intact et les matières grasses brûlent pendant des journées entières, comme j'en ai fait l'expérience.

Les œuvres d'art étaient abondantes à cette époque, car la civilisation était déjà très avancée. Tout d'abord, on savait faire des poteries déjà remarquables, les orner avec des serpents disposés tout autour du vase un peu au-dessus de la panse : toutes les formes usitées à cette époque le sont encore de nos jours en Égypte. Le tour du potier était déjà connu vraisemblablement. Les vases en pierre dure étaient excessivement nombreux : ma chambre était remplie des fragments que j'avais fait ramasser et je ne crois pas être exagéré en disant que j'avais réuni des fragments d'un millier de ces vases. Les pierres les plus dures y étaient représentées, l'albâtre d'abord, l'albâtre rubané, l'onyx, le porphyre, la serpentine, des pierres volcaniques en grand nombre et d'autres pierres en grand nombre encore dont j'ignore le nom. Ces vases affectaient des formes assez variées, notamment le vase à vin, dont je ne connais pas d'exemples et dont je crois que la forme est considérée comme archaïque et que j'ai retrouvé assez fréquemment. Ils étaient sans doute taillés avec le silex, creusés avec un instrument tournant mu par une sorte de violon, car on voit encore les cercles concentriques tracés en quelques-uns par l'instrument dont on se servait, puis polis par frottement. J'ai trouvé un certain nombre des polissoirs dont on se servait. Il arrivait quelquefois pendant la taille qu'une veine malencontreuse et mauvaise faisait briser la matière : l'ouvrier la recollait alors tranquillement et j'ai des vases qui sont encore collés de cette manière. Quelques-uns de ces vases portent des caractères gravés, et ces caractères sont exactement semblables à ceux des stèles particulières : ils trahissent donc la même époque. Certains de ces vases, encore en assez grand nombre, puisque j'en ai une centaine de fragments, étaient ouvragés et décorés, ou taillés en forme d'animaux avec des parties du corps humain. Ces décorations ont un caractère archaïque très prononcé, je n'en ai jamais vu de semblable quoique je connaisse un certain nombre des musées les plus importants d'Europe; quelques-unes d'entre elles sont très fines et vraiment artistiques. Elles ne sont pas sporadiques, car la même décoration est répétée encore assez fréquemment : elles sont prises en général des choses de la nature, des coquilles, des paquets de jonc retenus par une attache, un grand nombre sont formées par de simples lignes irrégulières ou régulières, la plupart du temps striées. Les vases complets en albâtre portaient généralement, un peu au-dessous du col ou du rebord, une ligne très simple, avec des sortes de coches du plus gracieux effet. Deux de ces fragments ont une véritable importance artistique : l'un représente une main taillée avec beaucoup d'art, ayant tous les caractères archaïques désirables ; les doigts effilés se détachent admirablement avec toutes leurs particularités de la pierre calcaire sur laquelle ils ont été sculptés : cette main devait servir de couvercle à un vase quelconque que je n'ai pas et qui lui était adhérent ; elle était brisée en deux morceaux et j'ai retrouvé le second à huit jours et à plus de 30 mètres de distance du premier. Le second fragment est l'œuvre d'un grand artiste : il représente une tête de canard d'un réalisme incroyable et qui semble encore vivante : la tête était attenante à un corps d'homme ou de femme, de femme plus vraisemblablement. J'ai trouvé dans un de ces tombeaux une sorte de vase dont je ne vois pas très bien la forme qui avait une feuille d'or appliquée de chaque côté.

Les hommes de cette époque étaient donc déjà très avancés dans les arts de la civilisation : leur art préféré, celui dans lequel ils réussissaient le mieux, était la sculpture, ainsi que je l'ai déjà dit. J'ai trouvé de cette époque, à plus de 10 mètres sous terre, des pieds de tabouret en ivoire qui me semblent étonnants de facture : on n'aurait pas mieux fait dix siècles plus tard, à quelque époque qu'on doive rapporter ces tombeaux. Ils représentent tous (j'en ai trouvé sept) un pied d'hippopotame, avec tous les caractères spéciaux aux pieds de ce pachyderme : ils ont été sculptés avec une hardiesse étonnante et sont au nombre des plus beaux objets que j'aie rencontrés. J'ai trouvé de même un petit lion en ivoire, long à peu près d'un décimètre, d'une expression extraordinaire. Ce lion, je l'ai vu trouver devant moi dans un tombeau, à plus de six mètres sous terre, dans les décombres du tombeau qui avait 1$^m$,10 de profondeur, à l'ouest de la quatrième butte d'Um-el-

Ga'ab. Mais la preuve la plus étonnante de l'art des habitants d'Abydos à cette époque me semble fournie par deux petits objets en bois d'ébène. Le premier a été trouvé dans la tombe du roi Serpent : c'était le haut d'une petite statuette admirablement sculptée, avec les seins proéminents, les yeux saillants, la bouche épaisse et la chevelure partagée en nombreuses tresses retombant derrière la tête et terminées par une sorte de tirebouchon des femmes nubiennes. Le type est incontestablement nubien : les femmes Bischaris pourraient offrir des types semblables avec une chevelure semblable. Le second est peut-être plus étonnant encore, c'est un morceau de bois qui faisait sans doute partie d'un coffret et qui a été trouvé dans le tombeau d'un roi qui s'appelait peut-être *Qad*. Il est décoré des deux côtés : du côté intérieur la décoration consiste en paquets de joue retenus par des attaches ; et cette décoration se trouve de chaque côté d'un espace qui contient une bannière royale avec l'épervier sur le sommet, soutenue par le signe *ka* et ayant de chaque côté le signe de la puissance pastorale passé dans le signe de la vie. Y a-t-il des caractères dans la bannière, c'est ce que ne permet pas de voir une toile légère apposée sur tout ce côté et que l'on reconnait encore très bien. L'autre côté est décoré en marqueterie avec des carrés apposés les uns à côté des autres et formés de deux triangles, et ce qu'il y a de plus étonnant, c'est que certains de ces triangles sont en verre émaillé, de couleur riche et éclatante. Ceci ne surprendra pas quand j'aurait dit qu'à cette époque on savait tailler en perfection le cristal de roche ; je n'ai malheureusement que des fragments dont on n'a pu reconstituer un seul vase complet ; mais les fragments suffisent ici pour proclamer hautement l'étonnante habileté des artistes de cette époque.

Lorsque les abords de la quatrième butte furent enfin déblayés, j'attaquai cette butte de trois côtés à la fois ; mais elle avait environ 10 mètres d'élévation et le travail n'avançait pas, malgré le nombre considérable d'ouvriers que j'employais alors. J'ai dû la laisser incomplètement fouillée, à peu près au quart, pour la reprendre l'année prochaine, et j'ai interrompu les travaux le 19 mars, car je devais être à Paris dans les premiers jours d'avril et il fallait compter une quinzaine de jours pour le transport des nombreux objets trouvés. Cependant la partie que j'ai fouillée m'a donné des objets curieux. D'abord dans l'un des tombeaux que recouvrait la butte, un caillou sur lequel a été gravée la déesse Isis, ce qui prouve que déjà la légende d'Osiris était créée. Puis au milieu des décombres j'ai trouvé un naos pour Osiris, sur les côtés duquel Isis et Horus étaient représentés; une belle statuette de granit au nom du prêtre Iouiou dont Mariette avait trouvé le tombeau, et enfin une pièce qui, si elle avait été complète, aurait été merveilleuse : c'est un grand épervier consacré par le même Iouiou à son père. Je l'ai trouvé en trois fois; d'abord le piédestal avec la queue et les serres; quinze jours plus tard et à plus de vingt mètres, je trouvai le corps de l'oiseau et sa coiffure, le lendemain je trouvai un morceau des pattes et un autre fragment qui malheureusement ne complétait pas l'oiseau. Il manque le bec en entier. Malgré tout c'est un morceau de sculpture qui a grand air. Je trouvai aussi plusieurs vases bouchés dont l'un contenait des moulages en plâtre, des représentations du cerveau ou des intestins en terre, un Horus en une feuille de métal et des cornes de bélier, tous objets qui me semblent essentiellement votifs. Tous ces objets me démontraient que la sépulture était importante, d'autant plus que je trouvais des fragments de granit rose en assez grand nombre et je crus un moment avoir rencontré la sépulture d'Osiris; mais je fus bientôt détrompé.

Je ne dois pas oublier parmi les objets de cette époque reculée les perles et les verroteries; les premières sont taillées en losange ou en tube et faites de cristal, de cornaline et d'autres pierres dures: les secondes ne proviennent pas d'Abydos, mais d'une localité voisine nommée El-'Amrah où j'opérai des fouilles, et retrouvai une nécropole entière de cette même époque, avec des cadavres enterrés de la même manière et des vases de même forme et de matière similaire. J'y ai même recueilli vingt cadavres complets destinés aux études anatomiques qu'on en doit faire au Caire. Les verroteries sont de formes très curieuses, depuis la simple perle ronde jusqu'aux perles de formes compliquées et allongées avec des émaux au milieu.

Et maintenant à quelle époque faut-il attribuer ces curieux monuments? Un fait est certain, c'est que pas une seule des bannières royales que j'ai trouvées n'est connue. Un seul monument similaire existe au Musée de Gizèh, c'est la petite statue qui porte le n° 1, qui fut trouvée à Mit-Rahineh en 1888 et dont le Catalogue dit : « La facture de cette statuette et le style de la légende font supposer pour ce monument l'antiquité la plus reculée. » Sur la partie postérieure de la statuette, à l'épaule droite, sont gravées trois ou quatre bannières identiques à celles que j'ai rencontrées. Si donc l'antiquité la plus reculée peut être supposée pour ce monument, on peut supposer la même antiquité pour ceux que j'ai découverts. Il n'y a que deux hypothèses possibles : ou ces monuments sont d'une période de décadence, comme la VII<sup>e</sup> et la VIII<sup>e</sup> dynastie dont les rois sont encore inconnus, ou ils sont d'une époque primitive. Le fait que l'arrangement des caractères dans les stèles de particuliers ressemble à celui dans lequel sont les hiéroglyphes des panneaux de Hosi que l'on attribue à une époque précédant la construction des pyramides de Gizèh milite en faveur des stèles qui proviennent des fouilles d'Abydos, et les stèles royales prouvent à n'en pas douter que ce n'est pas une époque de décadence qui les a produites. Il faut donc, je crois, les attribuer aux premières dynasties tout au moins, et non aux VII<sup>e</sup> et VIII<sup>e</sup> dynasties qui, d'après Manéthon, étaient d'origine memphite. D'un autre côté, les deux premières dynasties ne présentent pas un seul nom semblable sur les seize que je possède, et je ne crois pas que l'on puisse dire que le nom du roi n'était pas enfermé dans la bannière royale surmontée de l'épervier, car les titres ordinaires des rois d'Égypte se trouvent à côté de la bannière et sans aucun autre nom. Par conséquent nous sommes conduits à une époque précédant les deux premières dynasties.

Manéthon avant la première dynastie mentionne des *nekus* qui ont régné sur l'Égypte et des demi-dieux. Ces *morts* ou ces *mânes* ne sont peut-être pas les dieux des dynasties divines, comme on l'a cru, et ce pourraient bien être les rois dont j'ai trouvé les noms dans les tombes que j'ai explorées cet hiver à Abydos.

C'est un fait trop considérable pour l'histoire du genre humain en général, et de l'Égypte en particulier, pour que je l'ose affirmer d'une manière péremptoire; mais il faut avouer que tout concourt à présenter cette solution du problème comme éminemment vraisemblable. Les rois anciens qui se sont ainsi révélés tout d'un coup sont peut-être ces pharaons dont le roi Ramsès II se vante d'avoir fait restaurer les tombes tombées dans un état lamentable. Ces restaurations ont pu ne pas porter sur ce monuments eux-mêmes, mais sur quantité de détails accessoires. En tout cas si ce ne sont pas ces *pères* dont parle Ramsès II, ceux dont il parle doivent encore être cherchés. La nécropole d'Abydos réserve d'autres surprises à ceux qui la fouilleront avec méthode au risque de n'avoir souvent que des déconvenues, mais avec la chance de faire quelque jour une de ces découvertes qui récompensent amplement des sacrifices consentis. Mes fouilles n'ont porté que sur le tiers du terrain occupé par les sépultures de cette époque; si le succès continue de venir dans la même proportion, je peux espérer que l'année prochaine je pourrai présenter à l'Académie des résultats aussi considérables et que peut-être j'aurai rencontré l'un de ces monuments qui font époque et qui se chargera de prouver l'antiquité reculée à laquelle il appartenait.

Cette communication ayant été lue, M. le président donne la parole à M. Maspero qui la lui avait demandée et l'honorable académicien s'exprime à peu près en ces termes :

« Les documents qui viennent d'être soumis à notre approbation par M. Amélineau appellent des observations. M. Amélineau s'appuie pour prouver l'antiquité qu'il attribue à ses documents sur un ensemble de faits extérieurs à la question, lesquels prouvent au contraire une origine remontant à une époque historique tout à fait connue. Il s'appuie en effet sur la présence des silex dans les tombes qu'il a fouillées. Les silex ont été de tout temps en usage en Égypte, les pointes de flèches barbelées trahissent une époque beaucoup moins ancienne qu'on ne le prétend, elles sont l'indice d'une civilisation beaucoup plus rapprochée de nous, ainsi que notre confrère, M. le D' Hamy, pourra vous le dire avec sa compétence reconnue. Peu importe que ces silex ou autres objets aient été trouvés au fond des tombeaux, car la nécropole fouillée a tellement été bouleversée qu'on ne doit attacher aucune importance à la profondeur de la couche de terre ou de sable sous laquelle les objets ont été trouvés. Un exemple frappant fera comprendre cela : pendant les fouilles que j'ai fait exécuter dans le temple de Louxor on a trouvé une grenouille en caoutchouc comprimé à 20 mètres de profondeur. Évidemment cette grenouille ne pouvait remonter à une haute antiquité. De même les bracelets en silex sont encore en usage dans le pays : les femmes les portent encore et on les fait avec le noyau du silex qui contient une matière moins dure.

« De plus, parmi les monuments qui nous ont été soumis, qui portent des cartouches, il y en a qui sont datés et cette date nous ramène vers la XI° et la XII° dynastie. » — En ce moment, je protestai contre ce que M. Maspero venait de dire : je connaissais parfaitement l'existence du cartouche prénom d'Amenemhat II et je dis que jamais il ne m'était venu à l'idée de compter ce cartouche parmi les seize bannières royales dont j'avais parlé. — « Cela est de peu d'importance, continue M. Maspero, et je passe aux stèles. Ces stèles trahissent en plus d'un endroit le but que se sont proposé ceux qui les ont faites : quelques-unes sont gravées à la pointe et sont des modèles de sculpteur ; d'autres contiennent des noms comme *Honit*, qui nous reportent à la XI° dynastie. L'arrangement des caractères ne prouve rien, car nous pouvons nous trouver en face d'une époque de décadence : de plus, il y avait des écoles locales qui avaient leurs traditions, et qui voit aujourd'hui les tombes d'Éléphantine faites sous la VIᵉ dynastie pourrait parfaitement, en raison de l'arrangement des signes, faire remonter ces tombes à une très haute antiquité. Quand M. Amélineau sera de sang-froid, il reconnaîtra lui-même qu'il a attribué une trop haute antiquité à ses monuments. Il s'est servi de la statue n° 1 du Musée de Gizeh pour dire que l'auteur du Catalogue lui attribuant une haute antiquité à cause des caractères qui en forment l'inscription, on devait reconnaître la même antiquité aux monuments qu'il a mis au jour, comparant ainsi des choses qui ne sont pas comparables : une statue trouvée à Mit-Rahineh, sur l'emplacement de l'ancienne Memphis, ne peut être comparée à des stèles trouvées à Abydos, à cause de ces écoles d'art local dont je parlais tout à l'heure.

« Restent les seize bannières royales dont on pourrait expliquer l'origine autrement qu'on ne le fait. Là encore, M. Amélineau n'a pas tenu compte d'un fait cependant bien connu : jamais on ne rencontre le nom de bannière seul, il est toujours accompagné des cartouches prénom et nom. M. Amélineau a besoin d'étudier encore la question avant de proposer une solution aussi audacieuse que celle qu'il propose. Il a trouvé des tombes ravagées, spoliées et l'on ne peut pas faire fond sur ce que de semblables tombeaux contiennent et donnent au fouilleur. D'après tout ce qu'il nous a dit, c'était évidemment une nécropole pauvre, et c'est précisément là qu'on a chance de rencontrer quelque chose de nouveau, car les spoliateurs les ont dédaignées et c'est pourquoi on peut trouver des objets intéressants. Les bannières royales prouvent elles-mêmes autre chose que ce qu'on veut leur faire prouver, surtout celle de *Qat*. Mais je préfère n'en rien dire pour l'instant.

« Somme toute, la découverte n'a pas l'importance qu'on veut lui attribuer. Il ne suffit pas d'aller à Abydos pour mettre du premier coup la main sur des monuments très importants : les grands succès se font attendre plus longtemps. Il eût donc été beaucoup plus prudent de se tenir dans la réserve. Il eût beaucoup mieux valu trouver la sépulture des rois de la I<sup>re</sup> et de la II<sup>e</sup> dynastie, que de vouloir trouver ces vizir de Manéthon : la découverte eût été moins sensationnelle, mais beaucoup plus importante. »

L'honorable académicien a fait porter ses observations d'abord sur la généralité des tombes que j'ai fouillées à Om-el-Ga'ab, puis sur certains points particuliers. D'abord, les objets trouvés ne sont pas d'une seule époque, il y a mélange : il faudrait pour affirmer péremptoirement l'antiquité si reculée à laquelle je fais remonter les monuments découverts trouver une tombe inviolée. J'admets parfaitement ce raisonnement : mais parce que les tombes d'une nécropole ont été violées, il ne me semble pas qu'on doive rejeter en bloc les résultats tirés des monuments trouvés dans ces tombes. C'est là que la vue des objets se trouve indispensable. Il peut, en effet, se rencontrer que certains objets trouvés dans ces tombes soient le reste du mobilier funéraire primitivement déposé dans la tombe, pendant que certains autres proviennent d'ailleurs, importés dans cette partie de la nécropole par les spoliateurs à une époque inconnue. Et de fait, c'est ce qui est arrivé pour les premiers objets. Quant aux seconds, je ne crois pas qu'ils aient été apportés des autres parties de la nécropole d'Abydos à Om-el-Ga'ab, d'abord à cause de la distance. Il n'est pas en effet moralement probable que des monuments aussi lourds, nécessitant les forces réunies de quatre ou cinq hommes au moins pour pouvoir être transportés à une petite distance, ou bien l'emploi des moyens de transport, tels que le traineau dont on se servait dans l'antiquité et dont on se sert encore aujourd'hui, aient pu être amenés de distances assez grandes, variant entre 200 et 800 mètres, pour le simple plaisir de les changer de place. Il me semble, au contraire, bien plus vraisemblable et partant plus probable que les spoliateurs aient brisé sur place les monuments qu'ils regardaient comme impies, soit à la suite d'une révolution politique, soit à la suite d'une révolution religieuse, peut-être des deux. Et d'ailleurs, il y a une preuve matérielle de la réalité du fait. D'abord les stèles royales ont été trouvées dans trois tombeaux particuliers et dans l'un d'eux, au milieu du mur ouest, dans un retrait du mur peint en rouge, on voyait encore la place destinée à la stèle, et cette place était suffisante pour recevoir ce bloc de pierre calcaire, haut d'au moins 2$^m$,50. De plus ce même tombeau contenait de petites cases sépulcrales disposées sur trois côtés, au nord, à l'est et au sud ; dans chacune de ces cases ayant servi à la sépulture, étaient de semblables retraits peints également en rouge, inégaux et non orientés de la même manière, destinés aussi à recevoir des stèles, car le peu de profondeur du retrait ne permet pas une autre destination ; et de fait ce tombeau m'a fourni quatre des stèles particulières que j'ai trouvées. D'ailleurs, si l'on voulait appliquer cette même sévérité de jugement aux objets découverts en Égypte, l'on ne serait certain que très rarement de l'époque à laquelle ils appartiennent : on n'a guère trouvé en Égypte que sept ou huit tombes inviolées, dont quatre ces dernières années. Il est tout à fait impossible d'espérer qu'on en peut trouver à Abydos, car c'est bien là que le pillage systématique des tombeaux a eu le plus d'extension. On est donc réduit pour connaître l'âge des tombes que l'on trouve aux inscriptions rencontrées et surtout aux noms des rois : ces noms de rois, je les ai trouvés, ils sont complètement inconnus, ils n'entrent dans aucune liste que l'on ait et c'est bien la première fois qu'on les produit en public. D'ailleurs les objets dont je parle sont par eux-mêmes assez éloquents pour proclamer hautement leur antiquité reculée.

Certains objets trouvés dans les mêmes tombes, au fond de la tombe à côté des quelques ossements qui avaient été laissés en place, notamment les pieds de fauteuil en ivoire, le lion en même matière et la statuette en bois d'ébène dont on n'a malheureusement trouvé que la partie supérieure, accusent une telle perfection artistique, une telle habileté manuelle à traiter les matières les plus dures qu'on est littéralement stupéfait en voyant combien la civilisation qu'ils supposent devait être avancée. La statuette en bois d'ébène que je considère comme la plus ancienne des statuettes en bois que l'on connaisse, a été trouvée dans la tombe du *Roi Serpent*, pour lui donner le nom gravé sur sa stèle : la facture m'en semble tout à fait archaïque. Quant au lion et aux sept pieds de tabouret en ivoire, ils ont été trouvés dans les tombes recouvertes par le plus grand des sept ou huit monticules qui composent la nécropole d'*Om-el-Ga'ab* : le travail en est magnifique, accuse une habileté merveilleuse et un tour de main sûr de lui-même. Le lion surtout est une pièce extraordinairement habile et curieuse ; il a été trouvé dans une tombe située à l'ouest de la grande butte, faisant partie d'une double rangée de tombes construites côte à côte, parallèles les unes aux autres, séparées par une toute petite bande de molasse. On avait trouvé dans cette tombe les objets que l'on y rencontrait d'ordinaire, c'est-à-dire des silex et de petits bâtonnets en ivoire ou en bois portant encore à l'une des extrémités des traces de couleur, sans doute de la préparation dont on se servait pour s'agrandir les yeux au moyen d'une substance analogue au kohol, plus la tête et quelques-uns des grands ossements du personnage qui avait été inhumé dans cette tombe. Il me semble qu'en de telles circonstances je dois de faire connaître les particularités de la trouvaille afin de mettre en garde ceux qui pourraient être tentés au seul vu du travail parfait et de l'habileté artistique que suppose ce petit objet, de l'attribuer à une autre époque plus rapprochée de nous et partant plus habile dans les arts. Sans me prononcer définitivement, je dois dire cependant que je penche plutôt vers la haute antiquité à laquelle nous reportent les stèles royales. Et d'ailleurs cette habileté dont témoignent ces objets est-elle invraisemblable dans une civilisation qui a produit la stèle du Roi Serpent, les vases ouvragés qui nous ont conservé des restes de sculpture presque aussi étonnants, et même aussi étonnants. Je suis bien tenté de ne le pas croire.

Quant à la seconde série d'objets trouvés à *Om-el-Ga'ab*, c'est-à-dire ceux qui pourraient provenir d'autres parties de la nécropole d'Abydos, y importés par les spoliateurs à une époque inconnue, je dois m'en expliquer le plus clairement possible. Je ne crois pas qu'il faille recourir à cette hypothèse pour expliquer leur présence dans les buttes d'*Om-el-Ga'ab* ; je crois que la piété des habitants d'Abydos en avait parsemé cette nécropole pour honorer les morts antiques dont le souvenir avait été précieusement conservé dans leur ville. Dans l'inscription dédicatoire du temple de Séti I$^{er}$, à Abydos, le roi Ramsès II proclame qu'il a bien mérité de ses ancêtres en faisant restaurer leurs tombeaux : on a de tout temps entendu les paroles de ce roi fameux dans l'histoire en les appliquant aux tombes des deux premières dynasties sans savoir si ces tombes se trouvent dans la nécropole d'Abydos. On pourrait tout aussi bien les appliquer aux sépultures des rois que j'ai trouvées à *Om-el-Ga'ab*. Celles-là du moins on sait qu'elles étaient à Abydos, puisque je les y ai trouvées. Il est vrai, et je dois le dire ici, que rien ne m'a jamais montré qu'elles aient été restaurées ; mais quand on sait ce que les pharaons égyptiens entendaient par restauration, on n'est guère arrêté par cette considération. Il suffisait en effet qu'ils eussent fait graver leurs noms sur un monument quelconque pour qu'ils crussent avoir fait l'acte que nous traduisons par restaurer. Ici en particulier nous possédons un exemple de cette singulière façon d'agir dans le grand épervier en calcaire, tout doré, dont j'ai parlé. Cet épervier sculpté sous la XVIII$^e$ dynastie au nom d'un défunt auquel l'avait dédié son fils Iouiou, parut tellement beau à l'un des derniers rois de la XIX$^e$ dynastie qu'il y fit graver son cartouche nom : c'est le roi Ménépetah I$^{er}$, fils et successeur de Ramsès II, qui protégeait ainsi les arts. Et la preuve qu'il en était bien ainsi, c'est qu'on n'apportait pas seulement des objets d'art brisés, car j'en ai trouvés d'entiers, mais encore on y apportait des millions de pots dont on a trouvé des quantités considérables encore intacts, les uns ouverts, les autres encore lutés et renfermant des objets certainement votifs, tels que ces moulages de la figure, des entrailles, ou du cerveau, des cornes coupées près de la racine en bronze et cette petite image du dieu Épervier sur une feuille de bronze, autant que je puis croire. Et dans d'autres également scellés et lutés on a trouvé des objets indécis à moitié consumés par la vétusté, notamment des sortes de tablettes en terre ou en pierre calcaire recouvertes d'une feuille d'or. Un seul jour me donna trois de ces vases trouvés au milieu de milliers d'autres. Il faut bien avouer que ces vases contenant des objets égyptiens au premier chef n'avaient pas été transportés d'autres parties de la nécropole, ou alors on ne s'expliquerait pas comment les voleurs l'auraient pu faire et ne pas les briser pour en savoir le contenu, car ils y auraient trouvé des feuilles de cet or qu'ils recherchaient avec tant d'avidité. Et encore l'eussent-ils fait, qu'ils n'auraient pu transporter ces milliers et ces milliers de vases intacts qu'on trouvait rangés par couches superposées. C'est au milieu de ces vases que j'ai trouvé des fragments de stèles appartenant à la XII° dynastie, à la XIX°, à la XXIV° et à la XXVI°. Ces fragments autant qu'on peut en juger ne sont pas des stèles de particulier, mais bien des œuvres royales proprement dites. Leur présence en cette partie de la nécropole d'Abydos s'explique de la même manière : ce sont des œuvres votives témoignant de la piété des rois envers leurs antiques prédécesseurs. Il peut parfaitement se faire que, parmi ces objets portant avec eux la date de leur dédicace, il ait pu s'en glisser d'autres qui ne portent aucune date : c'est pourquoi le champ est libre aux hypothèses comme aux jugements se basant sur la perfection de l'œuvre en elle-même. C'est après avoir rencontré ces objets et d'autres se rattachant directement à la légende d'Osiris, comme le naos dont j'ai parlé, que je me dis qu'il était possible que je me trouvasse en présence du tombeau d'Osiris lui-même, tombeau qui est encore à trouver.

Une autre preuve que cette partie de la nécropole d'Abydos

était un lieu où se donnait rendez-vous la piété des habitants d'Abydos, c'est le nombre considérable d'objets votifs trouvés dans la première butte d'*Om-el-Ga'ab*, plus de trois cents. Leur *dévotion* est si évidente que beaucoup des personnes qui les ont vus les ont pris pour des objets déposés dans les fondations d'un temple, à cause de leur petitesse. Ces objets sont en toutes sortes de matières : ils étaient également, mais non pas tous, renfermés dans des vases lutés, ainsi que je l'ai dit. Je n'en connais d'analogues dans aucun musée que j'aie visité, au moins pour la plupart. Ils appartiennent évidemment à des époques toutes différentes de celle des tombes. Aussi n'ai-je pas été un seul moment tenté de les y rattacher. Ceux qui n'étaient pas renfermés dans des vases étaient déposés à même dans le sol. Les vases recueillis ainsi sont de formes très petites, façonnés à la hâte, sans grande attention et ils ne devaient pas coûter cher : on s'explique alors aisément qu'on les ait trouvés en si grand nombre : la piété des fidèles était obligée de compter avec les ressources de la famille et on préférait s'en tirer à bon compte. Quelques-uns de ces objets sont très soignés, notamment les statuettes et la réduction du petit sarcophage. D'autres sont énormes, notamment la table d'offrande en granit rose dédiée par le roi Ousortesen I$^{er}$, le deuxième de la XII$^e$ dynastie, à son père le roi Mentouhôtep VI, le dernier roi de la XI$^e$ dynastie. Il semble matériellement impossible que les spoliateurs aient transporté cette table qui pèse plus de 300 kilos de la nécropole de la XII$^e$ dynastie qui est située à au moins 2 kilomètres de l'endroit où elle a été rencontrée — et d'ailleurs qu'aurait-elle fait dans cette nécropole du Moyen Empire? elle n'y a pas sa place, puisqu'elle a été dédiée directement par un roi à un roi qu'il adopte comme ancêtre et ce dernier ne devait pas être enterré à Abydos dont la nécropole ne contient aucune sépulture des rois de la XI$^e$ dynastie. Il faut donc avouer qu'elle est votive, et elle a ainsi sa place dans un lieu sanctifié par la présence de ces ancêtres antiques qui viennent d'être découverts.

En conséquence rien n'oblige à croire que certains des objets trouvés à *Om-el Ga'ab* ont été transportés par les spoliateurs à une époque indéterminée et indéterminable. Leur présence au contraire est parfaitement justifiée par les raisons que je viens de donner. Pour ma part, je ne crois pas à une spoliation ancienne et je ne fais remonter la spoliation totale qu'au vi<sup>e</sup> siècle de notre ère, époque à laquelle le moine Moyse dont j'ai publié dernièrement la vie était tout puissant à Abydos, secondé par ses moines fanatiques.

On a dit en outre que la nécropole que j'ai fouillée était une nécropole de pauvres et que c'était pour cette raison que j'avais rencontré les bannières royales des pharaons. Je me permets de n'être pas de cet avis. D'ordinaire ce ne sont pas les petites gens qui ont les plus riches mobiliers. Des personnages qui ont en leur mobilier funéraire des vases de toute sorte en pierre dure, depuis l'albâtre jusqu'à la serpentine, en passant par l'onyx, les pierres volcaniques, le porphyre, etc., ne sont pas des personnages ayant un pauvre mobilier : encore aujourd'hui certaines de ces pierres, toutes mêmes, sont regardées comme étant d'une rareté qui en rehausse le prix, et ceux qui peuvent se les procurer passent pour des gens heureux, parce que riches. Nous n'avons même hérité le goût des pierres précieuses que parce que d'autres hommes, notamment ceux du pays d'Égypte, les ont regardées comme telles, et nous en ont laissé le culte et l'admiration. Les personnages royaux ou de famille royale enterrés à *Om-el-Ga'ab* avaient déjà ce goût des belles choses, jugées telles encore aujourd'hui. Et ces vases en pierre dure, je les ai trouvés par milliers dans les tombes dont je parle, malheureusement presque tous brisés de la manière la plus sauvage. Je le répète, j'avais la chambre que j'occupais remplie de débris de ces vases et ceux que je n'ai pas rapportés en France sont enterrés dans la cour de la maison que j'occupais. En outre des personnages qui avaient des tombeaux entièrement pavés de bois ou de granit rose n'étaient pas de pauvres personnages : le granit rose, quoique à gros grains, n'était pas un produit du sol d'Abydos, il fallait le faire venir de fort loin, pour cela être riche. En outre encore, ceux qui avaient des vases en cristal de roche — et j'en ai environ trente fragments — n'étaient pas de pauvres sires qui ne connaissaient pas le luxe. Ils avaient un grand luxe et ce luxe avait déjà quelques ressemblances avec notre luxe actuel. Un roi, comme le roi Qed, qui possédait d'abord un tombeau entièrement pavé en bois, et qui avait en plus des meubles en bois d'ébène, ornés à l'intérieur et à l'extérieur, marqués sans doute à son nom — une légère toile qui recouvre l'intérieur ne me permet pas d'être plus affirmatif — marquetés et dont le marquetage consistait en plusieurs endroits de cubes triangulaires en verre émaillé n'était pas un pauvre personnage. Par conséquent rien ne prouve que ce fût une pauvre nécropole, tout prouve au contraire que c'était une nécropole très riche pour l'époque à laquelle elle remonte. Il n'y a pas jusqu'aux verroteries et perles qui ne prouvent cette richesse ; les perles sont taillées en losanges ou en tubes, elles sont en cornaline, en cristal de roche, en améthyste et en d'autres matières au sujet desquelles je ne peux et ne veux pas être trop affirmatif. D'après ce que j'ai entendu dire, elles ressemblent à celles que M. Flinders Petrie a trouvées à Coptos. Les verroteries sont d'une facture très avancée et jusqu'ici inconnue ou presque inconnue. Je me suis laissé dire par des personnes compétentes qu'on avait trouvé des perles analogues dans les tombeaux des chefs gaulois, qui n'étaient pas sans doute de pauvres gens.

Quant à la théorie qui veut que ce soit précisément dans les nécropoles les plus pauvres qu'on ait le plus de chances de rencontrer quelque chose de nouveau et sans doute de riche, on me permettra de la considérer seulement comme l'un de ces brillants paradoxes qu'on aime à voir soutenir, mais qui ne supporte pas le plus petit examen et qui sont d'autant plus faux qu'ils sont plus brillants; ce n'est que du *strass*. En un seul cas, la chose pourrait être vraie, à savoir si l'on avait transporté les cadavres dans une cachette à mine pauvre pour dépister les voleurs; mais ce ne saurait être ici le cas pour les personnages royaux ayant chacun leur tombeau avec une place marquée pour leur stèle, leur mobilier spécial et leurs provisions qui n'avaient pas encore été dérangées, car j'ai trouvé les grandes jarres dont il a été question et sur lesquelles je reviendrai plus loin encore intactes, toutes enfoncées dans le sable qui les maintenait debout, et cela en particulier près de la tombe grandiose du roi *Den*. Je ne peux donc m'attarder à discuter cette théorie et je passe outre.

On m'a dit encore que je m'appuyais sur la présence des silex dans les tombes pour prouver l'antiquité de ces tombes, qu'en particulier les pointes de flèches déjà barbelées prouvaient une antiquité beaucoup moins haute. Je ne le conteste pas, mais je ne suis pas de cet avis. Si j'ai parlé de ces pointes de flèches, c'est que nulle part on n'en a rencontré de semblables, pas même dans le Danemark qui a pourtant fourni pas mal d'objets semblables aux historiens de l'âge de pierre, et c'est en outre que je devais parler de ce que j'ai trouvé. Or, j'ai trouvé ces pointes de flèches dans le même tombeau où j'ai trouvé les deux pièces de bois avec des fils de bronze pour les attacher ensemble : c'est bien la première fois, je crois, qu'on signale le fait. Ces pièces de bois réunies par des fils de bronze me semblent autrement probantes que les pointes de silex. Mais du moment que j'ai trouvé les unes avec les autres, leur coexistence semble bien démontrée. On a trouvé beaucoup d'ouvrages en bois remontant à de très anciennes époques, à la IV<sup>e</sup> dynastie par exemple, et sans doute encore plus loin : jamais on n'a rencontré de semblables attaches que j'ai au contraire rencontrées fort souvent, dans presque tous les tombeaux riches que je découvrais. Le fait était donc d'un d'un usage courant. Or, il semblerait bien anormal que les habitants d'Abydos eussent employé encore à une époque historique un usage tombé en désuétude partout ailleurs. Le fait existe, on en peut voir la preuve, si l'on veut, on n'a qu'à venir visiter l'exposition que j'ai faite des objets rapportés, et je ne doute pas que l'on ne soit convaincu. Que si les flèches sont barbelées, je n'y peux rien : elles le sont, c'est un fait, et un autre fait c'est que je les ai toutes trouvées dans le même tombeau, pavé en bois, incendié, mais où les deux morceaux de bois que j'ai rapportés avaient échappé à l'incendie.

J'arrête ici les observations qu'il m'a paru bon de présenter au lecteur sur les choses générales qui m'ont été reprochées, et je passe aux particularités qui ont été critiquées.

On a dit d'abord que les vases en pierre dure contenant des noms de pharaons ne sont décorés que de simples *graffiti*. Il s'agirait de s'entendre sur ce qu'on appelle *graffito*. D'ordinaire on entend sous ce nom des inscriptions tracées à la hâte sur des murs ou des rochers, ou encore des tessons de pots, soit à l'encre, soit à la pointe d'un instrument quelconque servant à graver. Ces *graffiti* peuvent être contemporains des monuments que l'on a érigés, mais sont bien plutôt l'œuvre de scribes postérieurs. J'ai tenu à donner ces indications afin de bien mettre le lecteur au point. En disant que les inscriptions trouvées sur ces vases en pierre dure ne sont que de simples *graffiti*, il ne s'ensuit point nécessairement qu'elles ne soient pas contemporaines du vase lui-même, et, puisque j'ai trouvé ces vases dans les tombes de ces rois inconnus dont j'ai parlé, qu'elles ne remontent pas à la même époque. Maintenant il y a assurément sur certains de ces fragments des inscriptions qui peuvent passer pour des *graffiti* : il est bien probable qu'elles ont été gravées à la pointe, non pas, je pense, parce qu'on ne s'est pas donné la peine de graver les caractères profondément ou que l'on n'en a pas pris le temps, mais parce que l'ouvrier n'était pas très habile et qu'il commençait peut-être à tracer des caractères. Cela ne saurait aucunement empêcher ces inscriptions de remonter à la même époque que les stèles royales. Mais il y a certainement d'autres cas où la bannière royale est gravée avec tout le soin possible, en tenant compte de la pauvreté des outils alors en usage. Telle est celle du pharaon dont le nom commençait par At.... et aussi celles de plusieurs autres.

De même sur la panse des grands vases lutés et dont le bouchon est estampillé au nom du possesseur, les caractères semblent bien tracés à la pointe avant la cuisson; mais je ne peux croire que ce soient là des exercices de potier ou des marques vides de sens. Certaines de ces inscriptions sont encore incompréhensibles, mais d'autres au contraire se lisent parfaitement, et je suis persuadé qu'en bien des cas elles nous apprennent le nom de la substance contenue dans le vase. Il y a plus : quelques unes de ces inscriptions sont relativement fort longues et contiennent en outre le nom du propriétaire enfermé dans le rectangle surmonté de l'épervier qu'on nomme d'ordinaire *bannière royale*. Ce rectangle est parfois monté sur une série de marches en retrait l'une sur l'autre, ou entouré de lignes circulaires qui se relient une à une et qui figurent l'ordinaire les fortifications. Parfois encore le rectangle, bien que contenant des signes, n'est pas surmonté de l'épervier, indice de la dignité royale, mais l'identité des inscriptions, sauf l'épervier, montre, je crois, qu'il ne faut pas rejeter le second mode pour cette raison. Il ne s'agit plus là de marques de fabrique, inscrites d'une manière telle qu'elle, mais d'un véritable chiffre indiquant le possesseur. Il ne saurait exister le moindre doute à ce sujet, et, comme ces vases ont été rencontrés intacts, encore lutés, dans la chambre même du tombeau ou dans des chambres contiguës, il faut bien avouer qu'ils appartenaient au même individu dont on a trouvé la stèle ou la bannière dans le même endroit.

Ces vases sont ornés de la manière la plus primitive que l'on connaisse encore, et cela au jugement de bons connaisseurs. Ils rappellent certains vases regardés jusqu'ici comme les monuments les plus anciens que l'on ait dans l'histoire de la poterie. Sans doute, certains d'entre eux sont déjà connus et ont été attribués à une époque moins reculée; mais ils ont été trouvés intacts dans les mêmes tombeaux que ceux dont il vient d'être question. Quant aux vases et aux ustensiles en pierre dure, la décoration dont on les a ornés proclame avec autorité que nous nous trouvons en présence d'un art que l'on ne connaît pas encore parce qu'on n'en avait jamais eu de spécimens, art déjà avancé, mais qui a conservé, malgré les progrès réalisés, des indices indéniables du plus ancien archaïsme que l'on connaisse. Naturellement ces paroles ne s'appliquent pas aux objets trouvés à Coptos par M. Flinders Petrie : je ne les ai pas vus, je ne peux donc penser à eux. La forme des vases et des ustensiles ouvragés dont je n'ai malheureusement que des fragments montre une époque où l'homme ne s'occupait pas encore de la commodité que devaient présenter les objets à son usage. Les ornements sont tirés en général de la nature : il y a des tiges de roseaux qui s'élancent avec vigueur, des paquets de jonc liés ensemble, des coquilles imitées sur la matière la plus dure, d'autres dessins que je ne peux décrire parce que je ne sais pas ce qu'ils imitent. Les animaux ne sont pas absents et aussi les parties du corps humain, ainsi que je l'ai déjà dit. Et ce ne sont pas là des fragments trouvés à l'état unique : presque toutes les décorations sont répétées sur des vases de grandeurs différentes et montrent qu'il y a là un type reçu et usité. Et cela non seulement sur des pierres tendres, mais sur les pierres les plus dures qu'on ait jamais taillées. Et c'est sur de semblables fragments de vases que sont les inscriptions dont je viens de parler tout à l'heure. D'ailleurs sur le plus grand des vases en albâtre que j'ai rapportés et qui a 0$^m$,395 de hauteur, il y a deux signes gravés à la pointe et ces signes ont la même forme que sur les stèles dont il me reste à parler. Il ne faut donc pas supposer diverses époques pour ces monuments si différents de matière et de destination : ils sont bien de la même époque.

Les stèles des particuliers nous offrent certains traits qu'il semble difficile de ne pas prendre en considération. On a dit que certaines d'entre elles étaient gravées à la pointe et que c'étaient des modèles de sculpteurs. J'ai demandé de quelle stèle il s'agissait et l'on m'a désigné sur la photographie que je faisais passer au Président de l'Académie des *Inscriptions et Belles-Lettres* un fragment de stèle qui se trouvait sur l'une de ces photographies. J'ai fait observer alors que le monument n'était pas complet : j'avais trouvé en effet deux fragments de pierre à dessin semblable et ce n'est qu'après avoir fait photographier les deux parties séparées que je me suis aperçu qu'elles ne formaient qu'un seul monument. C'est une stèle au même titre que les autres, mais gravée à la pointe, une pointe très légère, ce n'est aucunement un modèle de sculpteur. Je plaindrais les sculpteurs qui n'auraient d'autre modèle que celui-là. Elle contient une inscription avec le nom de la femme pour qui elle a été faite. Dans la communication qu'on a pu lire en tête de cette brochure et qui est sans aucun changement celle que j'aie lue a l'Académie des *Inscriptions et Belles-Lettres*, il n'est pas question de la disposition des signes : ce n'est que dans une explication verbale que j'ai ajouté que la disposition des signes rappelait celle des panneaux célèbres de Hosi. On m'a dit qu'il ne fallait pas comparer ce qui se faisait à Abydos avec ce qui se faisait à Memphis, qu'il y avait des écoles locales, etc. Je le sais : aussi ne l'ai-je point fait et je me suis contenté du mot rappeler. On a ajouté que les tombes de la VI<sup>e</sup> dynastie découvertes à Assouan tout récemment avait une disposition analogue ; je pourrais le contester, mais je l'admets pour le moment et je dis que c'est ici qu'il ne faut pas comparer ce qui se faisait à Abydos avec ce qui se faisait à Assouan. Abydos était une ville beaucoup plus avancée qu'Assouan : sous cette même VI<sup>e</sup> dynastie on sculptait à Abydos des stèles admirables, notamment celle d'Ouna qui est fort connue, mais qui n'offre aucun trait de ressemblance avec celles que j'ai découvertes. Je sais tout comme un autre qu'il y a eu décadence sous les dynasties suivantes, et que sous la XI<sup>e</sup> dynastie l'art en était encore à se ressaisir lui-même ; mais il y a une énorme distance entre les stèles de la XI<sup>e</sup> dynastie que je connais et celles que j'ai trouvées cette année. Non seulement dans ces dernières les signes sont mal faits, mais on sent au premier coup d'œil l'archaïsme : évidemment les artistes qui les ont exécutées ne savaient pas encore écrire, ils ne possédaient pas la maîtrise de leur art, parce que cet art était dans son commencement. C'est ce qu'ont admis tous les savants qui les ont vus, et cela sans la moindre hésitation. De plus, elles contiennent quantité de signes dont les formes sont encore plus archaïques que celles qui ont été trouvées dans les pyramides de Saqqarah, mais qui sont complètement inconnues, ce qui serait assez curieux pour la XI. dynastie. Les stèles de la XIe dynastie sont assez développées, du moins celles qui sont dans le *Catalogue des monuments d'Abydos* de Mariette, elles font connaître des titres, le nom de certaines divinités y est inscrit : ici rien de pareil, il n'y a ni composition de tableau, ni titres connus, ni noms de divinités : il n'y a que les noms des défunts avec un titre toujours le même. Il n'y a donc pas à établir de rapprochement entre des monuments si divers. Dans sa notice des stèles de la XIe dynastie, Mariette dit à la vérité que le style de ces stèles est très primitif ; mais il n'emploie pas le mot archaïque : ici au contraire le style est en même temps très primitif et très archaïque. On a voulu encore tirer parti de certains noms gravés sur les stèles pour en rapprocher l'époque jusqu'à la XIe dynastie et l'on a cité en particulier le nom de la dame *Honit*, courant sous la XIe dynastie. Je ne crois pas d'abord que les stèles contiennent ce nom ; mais en admettant pour un instant le fait, comment ce nom serait-il particulier à la XIe dynastie, lorsque le masculin *Hon* est employé couramment dans les tombeaux de la IVe dynastie. Si le masculin est employé, le féminin a bien pu l'être et l'a été. Rien ne s'oppose donc à ce que les stèles des particuliers remontent à une époque très reculée où l'art d'écrire était encore rudimentaire.

Restent les stèles royales. Elles sont beaucoup plus parfaites, l'une d'elles surtout, celle du roi Serpent, qui témoigne d'une grande habileté, mais dont le caractère archaïque est indéniable. Elles portent toutes le caractère du plus Ancien Empire. J'ai déjà attiré l'attention sur ce fait que le bas du rectangle contient l'image d'une maison telle qu'on la concevait, par exemple au temps de Mycérinus, puisqu'elle est identique avec celle du fameux sarcophage de ce roi. Je ne prétends aucunement soutenir cette expression *bannière royale* ; je l'ai employée parce que l'on s'en sert couramment et je suis tout à fait de l'avis de M. Flinders Petrie quand il dit qu'on a voulu y représenter d'abord l'habitation du *double*; les monuments que j'ai découverts seront même une nouvelle preuve à l'appui de cette théorie, car il y a en bas d'un de ces monuments qui contient une habitation les deux signes du *double royal*, *souten ka*, ce qui doit se traduire par *habitation* du *double royal* de tel ou tel roi.

Les rois dont le nom est gravé dans ces bannières ont leur titre de Horus; mais ce titre est-il un emblème, un titre réel et le nom est-il bien celui d'un personnage? Ce n'est pas un emblème, c'est un titre réel et le nom est peut-être celui d'un personnage. Je vais le prouver de mon mieux. On a dit que le titre de Horus ne se trouvait jamais seul : il me semble cependant qu'il y a des exemples célèbres, même à des époques beaucoup plus rapprochées de nous, même sous cette XIe dynastie dont il a été si souvent question dans les dernières pages. « Le premier des princes fondateurs de la XIe dynastie dont nous sachions le nom, Entef Ier, n'avait pas droit au cartouche : il était simplement noble (*erpâ*), sans plus de titres que les autres chefs des grandes familles égyptiennes. Son fils, Montouhotpou Ier, tout en prenant le cartouche, n'est encore qu'un *Hor*, souverain partiel, chef des pays du Sud sous la suzeraineté des rois légitimes. Trois générations après lui, Entouf IV rompit le dernier lien de vasselage et se fit appeler le *Dieu bon*, maître des deux pays[1]. » Qui parle aussi? M. Maspero. Par conséquent, on peut trouver avec le nom de Horus, le nom véritable porté par le prince, et, de fait, les quatre premiers rois de la XIe dynastie, sans compter le fondateur qui avait seulement le titre d'*erpâ*, ont simplement le titre de Horus et leur nom inscrit dans le cartouche : ce sont Mentouhôtep Ier et trois Antef. Mais c'est un cartouche, et je n'ai pas de cartouche, j'ai seulement des bannières royales ou des demeures du double. Or, c'est ici que la découverte de M. Flinders Petrie, acceptée par M. Maspero[2], a son poids

---

1. Maspero, *Histoire ancienne des peuples de l'Orient*, 4e édit., p. 91-92.
2. Maspero, *Histoire ancienne des peuples de l'Orient classique*, t. I, p. 259.

et sa valeur : elle fait clairement entendre que le *double* royal avait son nom et sa demeure, et rien ne vient prouver ou même faire supposer qu'à cette époque il faille ou l'on puisse admettre que le *double* avait un nom différent de la personne. Et ici je dois rappeler que, dans le volume X du *Recueil* que dirige M. Maspero, Miss Amelia Edwards a publié il y a huit ans le dessin d'un vase ayant appartenu au pharaon Khoufou (Chéops). Ce vase est en albâtre et il porte sur la panse un nom de bannière, puisque bannière il y a, exactement semblable à ceux que j'ai rencontrés.

C'est donc là un point acquis. Reste la question de savoir si l'on peut trouver seul le nom de bannière pour employer l'expression reçue. Il y a un exemple célèbre, celui du pharaon de la IIIe dynastie, Djeser, le constructeur de la pyramide à degrés de Saqqarah, dont on a longtemps connu seulement le nom de bannière ou de *double*, peint sur les faïences qui ornaient la porte de sa chambre dans sa pyramide; mais je n'ai pas besoin de cet exemple pour la thèse que je soutiens, car les titres que nous traduisons par roi de la Haute-Égypte et roi de la Basse-Égypte, Uræus du Nord ou de la Basse-Égypte, Vautour du Sud ou de la Haute-Égypte, sont couramment employés sur les monuments qui viennent d'être mis au jour. Seuls les titres de « fils de Râ ou du Soleil, épervier vainqueur » ne sont pas employés, et cela parce qu'ils ne sont pas en usage avant la fin de la IIIe dynastie, car le premier qui soit ainsi appelé est le pharaon Houni, le dernier roi de cette dynastie. Rien ne s'oppose donc à ce que les rois dont j'ai trouvé les noms de Horus n'appartiennent à une époque très reculée : tout au contraire concorde parfaitement ensemble, les stèles royales et les stèles particulières, les poteries les plus grossières et les vases de prix, vases ouvragés comme ceux qui ne le sont pas, car ces vases contiennent ces mêmes noms de Horus sur lesquels porte la discussion.

Je dois faire observer en outre que, dans les noms dont il s'agit, certains des signes ne sont pas encore connus, soit à cause de leur forme très archaïque, beaucoup plus archaïque même que dans les textes des pyramides, soit parce que réellement ils sont nouveaux. C'est une nouvelle raison qui vient s'ajouter à celles que j'ai déjà données : elle prouve tout au moins qu'il ne faut pas se hâter et rejeter des noms nouveaux parce qu'ils sont nouveaux et ne pas en rapprocher outre mesure l'époque où ils ont été portés.

Lorsque j'ai parlé à ce propos de la statue n° 1 qui est au Musée de Gizeh et que l'auteur du catalogue regarde comme très ancienne, comme le monument le plus ancien que possède ce musée, je n'ai pas eu le moins du monde l'intention de la comparer aux stèles que j'ai trouvées à Abydos; mais, comme cette statue porte sur l'épaule droite trois ou quatre de ces noms de Horus et comme elle est regardée comme le monument le plus ancien qui existe en raison du style de la légende gravée sur le socle, j'ai seulement voulu dire que les bannières qui sont sur l'épaule droite de cette statue sont analogues à celles qui sont sur les stèles ou les fragments de vases que j'ai découverts, que par conséquent cette analogie me semble entraîner l'analogie dans l'époque, et j'ajoute que je ne vois pas comment un pareil raisonnement ne peut être licite. Les particularités qu'on peut relever dans les procédés des écoles d'art locales, surtout dans le faire de ces écoles, ne me semblent pas devoir comporter un usage aussi spécial à une certaine catégorie d'hommes : tout le monde ne pouvait pas avoir un nom de Horus, tout le monde ne pouvait pas faire graver ce nom sur une statue à son gré, et sous ce rapport la coutume devait bien être la même à Memphis qu'à Abydos. Il y a là un fait indéniable : la similitude des bannières, et quand on commence à trouver les bannières employées aux époques pleinement historiques, on voit qu'elles comportent un tout autre ordre d'idées que celles que j'ai rencontrées. Par conséquent, on est en droit de conclure, on doit même conclure que les époques sont différentes, car les idées sont différentes aussi, puisque ces noms de Horus sont conçus tout différemment : dans les noms de bannières employés à l'époque historique — le premier que l'on connaisse est celui du roi Djeser, à la III. dynastie — l'idée religieuse domine et est seule acceptée; dans ceux que j'ai rencontrés, on ne retrouve aucune idée religieuse, du moins jusqu'ici, mais au contraire des idées qui rappellent des surnoms comme durent en porter les premiers hommes dans les premières sociétés : aussi le roi dont le nom est écrit par le seul serpent et qui s'appelait sans doute le roi Serpent. Ce sont bien là, je crois, des différences appréciables.

Il reste maintenant la grosse question de déterminer l'époque à laquelle appartiennent ces stèles, ces bannières, et en général tous les monuments archaïques trouvés à *Om-el-Ga'ab*. Je ne vois pas à quelle autre époque on peut les attribuer, sinon avant la première dynastie. On ne les retrouve nulle part ailleurs : c'est un fait indéniable, et j'en ai au moins seize. On ne peut penser à une époque plus récente que la II<sup>e</sup> dynastie égyptienne, car la III<sup>e</sup> est une dynastie memphite et il n'est pas vraisemblable que les rois de Memphis soient venus se faire inhumer à Abydos; on connaît d'ailleurs la sépulture d'un de ces rois, Djeser, et cette sépulture est la pyramide à degrés de Saqqarah. Il faut donc bien admettre ce fait et ne pas reculer devant les conséquences qui en ressortent. J'ai bien pensé aux deux premières dynasties tout d'abord; mais la dissemblance des noms m'a détourné. Cependant cette dissemblance n'aurait peut-être pas suffi à elle seule pour me détourner d'appliquer à ces deux dynasties que l'on a traitées de mythiques les noms découverts, s'il ne s'y fût joint une presque impossibilité matérielle. J'ai seize noms de bannières et je ne suis pas encore certain de les avoir recueillis tous, car ils sont horriblement difficiles à lire sur les cônes en terre qui bouchaient les grands vases et où j'ai pu en laisser quelques-uns; or, les deux premières dynasties ne contiennent que dix-sept rois selon le canon de Manéthon, et je n'ai fouillé que le tiers de la nécropole d'*Om-el-Ga'ab* où il reste encore bien d'autres tombeaux aussi importants que ceux que j'ai explorés cet hiver. Ce n'est donc pas avoir trop d'audace que d'espérer en découvrir au moins deux, par conséquent un de trop. Il m'a donc semblé plus plausible de placer hors cadres les seize rois qui viennent d'apparaître, et c'est pourquoi je les place avant la première dynastie et ce n'est pas sans motif. En effet, l'une des traditions qu'avait recueillies Manéthon et qui de son œuvre est passée dans les auteurs classiques veut qu'après les dynasties divines il y ait eu une suite de rois dont il n'est pas tenu compte dans le canon du prêtre de Sébennytos. « Quand il ne resta plus rien à établir qui exigeât une force ou une intelligence surnaturelles, les dieux remontèrent au ciel et de simples mortels leur succédèrent sur le trône. Une tradition n'hésitait pas et plaçait le premier roi humain dont elle eût gardé la mémoire immédiatement après le dernier des dieux : celui-ci, en sortant du palais, avait remis la couronne à l'homme, son héritier, et le changement de nature n'avait amené aucune interruption dans la série des souverains. Une autre tradition ne voulait pas admettre que le contact eût été aussi intime. Elle intercalait une ou plusieurs lignées de Thébains ou de Thinites entre l'Ennéade et Ménès, mais si pâles, si fluides, d'un contour si indécis, qu'elle les appelait des mânes et leur reconnaissait au plus une existence passive, comme des gens qui se seraient toujours trouvés morts sans avoir eu la peine de traverser la vie. Ménès avait été le premier en date des vivants véritables[1]. » Ainsi toute une tradition plaçait une ou plusieurs lignées de rois entre les dynasties divines et les dynasties humaines, au témoignage même de l'éminent académicien ; ces rois étaient thébains ou thinites : mes fouilles, si l'on accepte les résultats que je propose, montreraient qu'il y en aurait eu parmi eux des Thinites, sans qu'on puisse exclure péremptoirement les Thébains. Il n'y a donc aucune impossibilité matérielle à admettre que les rois dont j'ai rencontré les noms aient pu précéder la première dynastie : tout au contraire, cela concorde parfaitement avec les traditions acceptées en Égypte et à nous transmises par Manéthon et ses abréviateurs. Ces rois ne sont plus des ombres pâles, fluides

---

1. Maspero, *Histoire des peuples de l'Orient classique*, I, p. 225.

et indécises; elles ont repris un corps, nous connaissons ce qu'on faisait de leur temps et ce qu'on faisait témoigne déjà d'une civilisation très avancée. Je ne crois pas, en effet, qu'on puisse séparer les stèles royales des fragments de vases ou des vases entiers que j'ai trouvés dans les tombeaux : ils ne forment qu'un seul bloc qu'il faut accepter ou rejeter tout entier. C'est surtout là que la vue des monuments est indispensable et je ne saurais trop regretter que M. Maspero, avec ses connaissances si étendues et si variées, n'ait pas cru devoir les examiner, car je suis bien persuadé qu'il aurait éclairci beaucoup de points encore dans l'ombre et peut-être n'aurait-il pas condamné ce qu'il aurait vu.

Il y a ici une question qui prime toutes les autres, c'est la question scientifique devant laquelle doivent disparaître toutes les petites choses de la vie. Si j'ai raison, la découverte est d'un intérêt capital, non seulement pour la science égyptologique, mais pour l'histoire humaine tout entière, car elle démontre que l'homme est beaucoup plus ancien sur la terre historiquement parlant qu'on n'est porté à le croire, car la civilisation en ressort beaucoup plus ancienne qu'on ne le pensait, car l'industrie humaine recule à une époque formidable et est déjà très avancée, de même l'art, puisqu'il y a de l'art dans les objets trouvés, car enfin on constate ici sur le fait une des lois qui ont présidé à l'évolution des idées humaines, à savoir que l'homme pouvait être très avancé dans la civilisation industrielle et en être encore dans le fétichisme le plus grossier dans ses idées religieuses, que la première et les secondes marchent parallèlement et ne dépendent point d'un développement commun, toutes choses fort compréhensibles, vraisemblables, mais qui n'avaient été prouvées que théoriquement par la raison. Si, au contraire, c'est M. Maspero qui a raison, — et je suis tout prêt à l'admettre lorsqu'il m'aura donné des preuves qui emportent mon acquiescement, la question d'amour propre n'existant pas pour moi en face des grands intérêts engagés, — j'avouerai simplement que je me suis trompé et tout sera dit. Ce ne sera pas la première fois, et sans doute, hélas! ce ne sera pas la dernière : je suis homme, partant faillible et il n'y a guère qu'un moyen infaillible de ne pas se tromper, c'est de ne rien dire.

Je n'ai cherché en écrivant cette brochure qu'à défendre une hypothèse que je crois fondée : dans ces sortes de questions encore si obscures, il n'est pas étonnant qu'on se trompe et c'est de la discussion que naît la lumière. Lorsque je vis M. Maspero pour la première fois après mon retour d'Égypte — c'était au Louvre — je lui résumai mes travaux de l'hiver et je lui fis part de mon désir de lui soumettre les monuments, ne connaissant personne dont le jugement me fût plus précieux que le sien. Il s'est abstenu, c'est son affaire. D'ailleurs, je ne saurais assez regretter cette abstention pour M. Maspero, car, pour moi, elle ne me fera rien : si ma thèse est vraie, elle sera toujours admise, un peu plus tôt ou un peu plus tard; si elle n'est pas fondée, il l'aurait fait disparaître plus vite des choses viables, car il eût été autrement armé pour la réfuter, et elle disparaîtra nécessairement un jour, comme toutes les choses fausses. Si j'ai cherché à la défendre, ce n'est point pour créer une agitation factice, mais sensationnelle, autour de mon œuvre; j'ai eu la pensée de cette hypothèse, je l'ai crue bonne à communiquer au public, m'attendant bien qu'elle soulèverait des objections, mais non pas de telles objections : si je ne défends pas mes propres idées, qui donc les défendra? Je pense n'avoir employé dans cette brochure aucune expression qui puisse tant soit peu être dure pour mon contradicteur : si par hasard quelque mot avait dépassé mon intention, je le retire d'avance. Ce que j'ai voulu, ce n'est pas une discussion personnelle, c'est une discussion purement scientifique et montrer à celui qui fut mon maître, que j'avais profité, dans la mesure de mes faibles moyens, des excellentes leçons qu'il m'a données, ce qui ne doit pas être fait pour lui déplaire.

www.ingramcontent.com/pod-product-compliance
Lightning Source LLC
LaVergne TN
LVHW022208080426
835511LV00008B/1644